Aek Dawa Mil Jaye Jo

Lavika Sharma

BookLeaf Publishing
India | USA | UK

Made with ❤ on the BookLeaf Publishing Platform
www.bookleafpub.in
www.bookleafpub.com

Dedication

नाम किया उन एहसासों के
जो खामोश कभी ना रहे
वह दिल जो लिखना जानता ना था
अनसुनी ख़्वाहिशें कब अल्फ़ाज़ो में बदली
और बरसों सफ़र के साथी बने

पता ही नहीं चला-

सफ़र का एक हिस्सा अब आपके हिस्से

Dedication

Preface

इस किताब के पन्नो पे पिरोए गए जज़्बात
किसी एक व्यक्ति के नहीं
एक वाक्य के नहीं

उन तमाम हैरान कर देने हालातो की माला हैं, जो ज़िन्दगी बिन हम'मर्जी थमा देती हैं।

एक दवा मिल जाए जो -

सफ़र रहा है, ऐसी ही कुछ बातों का जब कोई शक्स अपने ही ख्यालों में इस कदर क़ैद हो जाये के दर्द बया ना कर पाये
सफ़र रहा है ऐसे तबीयत का जब वे दवा की चाह रखें और उसे दुआ मिले
जब किसी के ख्याल को तरसे और उसे मशवर-ए-दवा मिले !

दवा- हो नज़र की
दुलार की
लिहाज़-मनन की

ये शायरी की दुनिया उन्ही दर्द का मरहम हैं जो सूज-बूझ समझ से परे हैं
और अगर इन अल्फ़ाज़ो से आपको अपने अक्स की पहचान मिले

तो शायद हम इस सफ़र में हमराही बन सके

Acknowledgements

खुद को समझने, पाने और धीरे-धीरे बदलने की कला को हम कैसे जीवन का नाम देते हैं, खूब है !

इस खोज में इंसान ख़ुद को भी खो दे और यह मुमकिन है, ये और खूब है !

ये कविताएँ नहीं है और ना ही मैं कोई नामी शायरा हूँ ।
मुसाफ़िर बन कर जिस सफ़र पे निकली हूँ उसे भी मैंने नहीं चुना है !

मुझे यकीन है की हमारी कहानी कितनी ही अलग हो मगर एहसास एक ही है जो चुप्पी साधे सच्चाई के साथ चलने की कोशिश में हैं और हर मोड़ पे अंत देख कर फिर एक शुरुआत करते हैं

शुक्र अदा कर मैं वादा करती हूँ कि लिखी गई हर पहेली को मैंने सच्चे दिल से निभाया है
हम सब अपने-अपने समय पर सीखते हैं कि ठीक होना कोई एक पल नहीं, बल्कि एक निरंतर यात्रा है।
और कभी-कभी, सिर्फ़ इतना जान लेना ही काफी होता है कि हम अकेले नहीं हैं।

Qaid

कुछ दाग़ रह गए
कुछ तजुर्बे कुछ एहसास

लगभग उजागर हुए
लगभग चीर गए
कुछ ज़ख़्म कुछ सपने
कुछ अपने कुछ ख़ास

Recovery

वो जैसे अपनी हर सुबहों को
मेरे ज़ख्मों पे मरहम लगा शाम किया करते थे
दवा लाया करते थे जनाब
और दुआ बन कर जाया करते थे

फिर एक दिन न जाने वहाँ
उनका आना बंद हुआ
और यहाँ

मेरा इलाज |

Biased

कम-उम्र का मानसिक औदा बरकरार रहे ,

बस इसी चक्कर में ,

बाली-उम्र
हम-उम्र व
ताउम्र को पागल कर दिया ॥

Test

आज ज़िन्दगी ने फिर एक बार चौंकाया है
सुना है

बाहर खैरियत पूछने
कोई अपना आया है

Introspect

मैंने हर इक शक्स से 1 - 1 ही दर्द बांटा मेरा

वो ठहरे ना बीच राह छोड़ गए
के 1 दर्द भी ना झेल पाए?

अर्रे !
मुझे शाबाशी दो
मैं अब तक सब लिए बैठा हूँ

Memory

बड़ा अजीब
सिलसिला है ज़िंदगी तेरा भी

दिमाग़ पे खाये ज़ख़्म
जो याद रखने वाले किस्से भी अब याद नहीं रह पाते

और ये दिल पे खाये ज़ख़्म
कम्बख़्त
कुछ किस्से आज भी भुलाये नहीं भूलते

Blame

मैं परेशान हूँ
और मेरे दुख का ज़िम्मा भी
तुम मुझी पे डाल दो

मरीज़ हूँ मैं
और मेरी बीमारी का गुनहगार भी
तुम मुझी को ठहरा दो

वाह !

तुम मुझे क्या कह देते
तुम मेरे लिए क्या कर देते
मेरा ख्याल कैसे रख सकते
ये भी मैं ही बता दु क्या?

चलो
फ़ासलो का इल्ज़ाम भी
तुम मुझी पे डाल दो !

Burst

मैं बहुत समय से चुप बैठा हूँ

मैं एक लंबे अरसे से शांत हूँ
संयम बनाये हूँ

मुझे अब थोड़ा आराम चाहिए ।

A Play

यंत्र था, कलाकार नहीं,
साधन था, सूबेदार नहीं,

ये घूँट वो तब पिलाएगा -
सारी मेहनत,
सारा संघर्ष धरा रह जाएगा ;

जब हक़ीम होकर भी,
ला-इलाज बन जाएगा

Morning

कभी महसूस किया करते थे
है जन्नत तक का साथ उनका

(मैं ढूँढू आज भी वह पल कहाँ गया)

इक रोज़ बस आँख खुली

और उनकी
सिर्फ़ ख़बर मिली

कमबख़्त इस दिल को
सो जाने से भी ख़ौफ़ आगया

;

कहाँ ऐसा सोचा था
ज़िंदगी ऐसा भी रंग लायेगी

मुझ में मैं रहूँ नहीं
और ये साँसें चलती जायेंगी

over sight

मैं तेरे आगे अधमरा आऊँगा
तुझे फ़र्क़ नहीं पड़ेगा

-मैं तेरे सामने हताश गिरा होगा
तुझे एहसास नहीं होगा

तुझे तो इस बात की चिंता है
बस मेरी साँसें चलती रहें

Glow up

मैं तुम्हारा बुरा कभी चाह ही नहीं सकता
(मेरे रहते)
तुम्हारा बुरा कभी हो नहीं सकता

मैंने हर बद्दुआ अपने लिए माँगी है

ऐसा ना होता अगर -

तो मेरे मिलने से पहले आप फ़क़ीर
और छोड़ने पे बादशाह आप न होते

Denial

खुश नसीबों
कुछ हैं जो आपसे बहुत प्यार करते हैं

कुछ होते होंगे जो आपको बेहद प्यार करते हैं

इतना प्यार करते हैं

के बस !!!

इस बात के अलावा उन्हें आपसे और कोई मतलब नहीं ।

Solitude

इसे मकान मत बोलो

ये घर है मेरा !

इन्ही दीवारों ने तो
मेरी चींखें सुनी है
इन्ही बिस्तरों ने तो
मेरे अश्क़ पीयें हैं ॥

Courtesy

मेरा लिखा पन्ना ऐसे चोर लिया

जज़्बात भी ओढ़ लिए

……………

और नाम भी मिटो दिया ।

Wise

अब तो हम जताने भी लग गए
अपने किए गए एहसान

अब तो बताने भी लग गए
अपने छोड़े गए ख़्वाब, अपने नुक़सान

-ए फ़रामोश किस मायने से है तू?
....

मेरे सन्नाटें तो तुझ तक चुभ गए
मेरी चीख़ें कैसे नहीं पहुँची?

Light

सही कहा -
हम टुकड़ो में नींद पूरी करने वालों पे
कभी भरोसा नहीं करना साहेब

जो अपने ख़्वाब तक पूरे ना कर सके
वह आपसे किए वादे क्या पूरे करेंगे !

Journey

अवसाद-ए-ख़ालीपन कैसे करूँ बयान,

बस दिन ढलते- गुज़रते
सबसे माफ़ी माँगने को जी करता है ॥

अवसाद (Depression)

on my way

ऐसा तो नहीं है

ज़िंदगी ने मुझे कभी गिराया न हो !

कई दफ़ा पैर में कंकड़ चुभे
और मैं गिर पडू़

कोई धक्का दे दे मुझे
और मैं गिर पडू़

के कोई हस दे मुझपे
और मैं गिर पडू़

ऐसा भी हुआ कुछ रोए भी मेरे साथ
और मैं फिर गिर पडू़

ऐसा तो नहीं है
ज़िंदगी ने मुझे कभी गिराया न ही

इतना गिर उठके, संभल के, गिर के फिर उठ के
मैं ज़रा कमजोर हो गई हूँ
क्यूँकि
ज़िंदगी “ना-जीना” बहुत आसान कर देती है
और फिर जीने का लालच भी बहुत देती है

मैं जीना ना चाहु - ऐसा तो नहीं है
ज़िंदगी ने फिर मुझे गिराया न हो

ऐसा तो नहीं है ॥

{ शायद पक्के काम, बाक़ी है मेरे }

Still

क्या दाद देगी ये दुनिया

क्या या कितनी
दाद देगी ये दुनिया

मौक़ा था पागल हो जाने का

वो घूँट भी मैं पी गया
और फिर भी बच गया